CAZA MITOS

¡A LA CAZA DE NOTICIAS FALSAS!

Textos
de **ALTEA VILLA**

Ilustraciones de
Silvia Mauri

Traducción del italiano de
Pau Sanchis

algar

ÍNDICE

p. 4   ¡EMPIEZAS UN LIBRO MUY ESPECIAL!

p. 6   CÓMO UTILIZAR ESTE LIBRO

p. 10   CON VOSOTROS, ¡LA TÉCNICA DEL AVESTRUZ!

p. 12   ¿LÁGRIMAS DE COCODRILO?

p. 14   UN DESPERTADOR... ¡CON CRESTA!

SAFARI DE TROLAS p. 8

p. 16   BAÑOS FELINOS... ¡QUÉ PELIGRO!

p. 18   ¡SER LISTO COMO UN ZORRO!

p. 20   LOS COLORES DEL CAMALEÓN

p. 22   EL 'SNACK' PREFERIDO DE LAS RATAS

p. 24   EL RECLAMO DEL LOBO

ANALIZAMOS LA NOTICIA: PÁNICO EN EL ZOO   p. 26

¡AUTÉNTICA OPRESIÓN EN EL TRABAJO!   p. 32

UN TOCADO BASTANTE EMBARAZOSO   p. 34

RELATOS DE VIAJES   p. 36

UNA MENTIRA DULCE Y REAL   p. 38

HABÍA UNA VEZ... ¡LA PATRAÑA! p. 30

TALLA PEQUEÑA, GRAN PERSONAJE   p. 40

¿PIRATAS O ARDILLAS?   p. 42

ANALIZAMOS LA NOTICIA: LA MALDICIÓN DE TUTANKAMÓN   p. 44

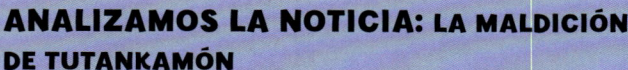

UN NOBEL... ¿CON OREJAS DE ASNO? p. 50

RAYOS... ¡DE MALA SUERTE! p. 52

¡SUEÑOS REALMENTE INSPIRADORES! p. 54

ALERTA METEOROLÓGICA: ¡NIEVAN DUDAS! p. 56

LLUVIA DE FALSEDADES p. 48

ANALIZAMOS LA NOTICIA: ¡LLUEVEN TIBURONES! p. 58

MENTIRAS ESPACIALES p. 62

p. 64 ¡MONUMENTOS REALMENTE GRANDIOSOS!

p. 66 ¿Y SI LA TIERRA FUERA PLANA?

p. 68 UN ARTE DE OTRO PLANETA

ANALIZAMOS LA NOTICIA: UN ACONTECIMIENTO HISTÓRICO... ¡QUE TODAVÍA NO SE HA COMPROBADO! p. 70

KIT DEL CAZAMITOS p. 74

EL DECÁLOGO p. 76

ACTIVIDADES p. 78

¡EMPIEZAS UN LIBRO MUY ESPECIAL!

AQUÍ ENCONTRARÁS LOS SECRETOS PARA CONVERTIRTE EN UN AUTÉNTICO **CAZAMITOS**, ES DECIR, ¡UN CAZADOR DE NOTICIAS FALSAS!

Así, nadie te podrá engañar con historias sensacionales pero falsas: gracias a los numerosos ejemplos sobre temas muy diferentes, verás qué fácil es caer en la trampa de las patrañas. Pero con unos pocos pasos muy sencillos, te convertirás en un hábil investigador y nada se te escapará: si las noticias falsas corren deprisa, ¡tú serás todavía más rápido!

4

Ponte el mono
antimentiras y gafas
a prueba de falsedades
y prepárate para formar
parte del equipo

LA AGENCIA DE **CAZAMITOS**
TE INVITA AL CURSO
**DE ENTRENAMIENTO
DE CAZABULOS**

Nombre: _ _ _ _ _ _ _ _ _ _ _ _ _ _ _ _

Fecha: _ _ _ _ _ _ _ _ _ _ _ _ _ _ _ _

Firma: _ _ _ _ _ _ _ _ _

5

CÓMO UTILIZAR ESTE LIBRO

 ## LEER

Cada apartado identificado con el símbolo de las comillas propone una noticia falsa, un tópico, una idea errónea sobre temas muy variados e interesantes.

DESCUBRIR

Aprenderás diferentes características con las que se van difundiendo las historias falsas hasta que la gente se cree que son ¡verdades absolutas!

 ## PREGUNTA:

Aquí siempre encontrarás una pregunta que te tendrás que plantear después de haber leído el artículo.

Y al lado encontrarás la respuesta a la pregunta, que te ayudará a desenmascarar las noticias falsas y a desarrollar el pensamiento crítico.

6

¡PONERSE A PRUEBA PARA APRENDER!

¡Investiga sobre los puntos débiles que hacen que una noticia no sea creíble! ¡Así descubrirás las mentiras!

ENTRENAR LA MENTE

Test y juegos de preguntas y respuestas: una auténtica carrera de obstáculos entre medias verdades y mentiras descaradas ¡que hay que sacar a la luz! ¡Y alguna página donde tomar notas sobre tu experiencia como cazatrolas!

¡ATENCIÓN!

¡Nunca bajes la guardia!

Las noticias falsas están siempre al acecho...

7

SAFARI DE TROLAS

¡Se dicen muchas trolas sobre los animales!
Historias que pueden parecer ciertas, pero
que no lo son: se difunden poco a poco hasta
un punto en el que al final se consideran
¡verdades universales!
En cambio, es mejor armarse de paciencia
y mucha curiosidad: como en un safari, en el
que hay que esperar hasta que el animal se
muestre en su hábitat, el cazatrolas espera
hasta encontrar la información real.

CON VOSOTROS, ¡LA TÉCNICA DEL AVESTRUZ!

 # ANTE UNA SITUACIÓN PELIGROSA, ¡HAZ COMO EL AVESTRUZ!

Escondiendo la cabeza en un agujero en el suelo: así es como una de las aves más grandes del mundo afronta los peligros habituales de cada día en la sabana.

 **PREGUNTA:**

¿Los avestruces esconden la cabeza en la arena por miedo?

¡NO! Cuando un avestruz baja la cabeza hacia el suelo puede ser por varios motivos: porque está buscando comida con el pico como, por ejemplo, hierba, o porque está guardando los huevos en un agujero.

¿Y SI ES UN TÓPICO?

Un **TÓPICO** es una idea que se ha difundido tanto que creemos que es verdad, ¡aunque no lo sea!

¿LÁGRIMAS DE COCODRILO?

" UNA COMIDA TRISTE

Cuando comen, los cocodrilos demuestran un sincero remordimiento por la presa con la que se están alimentando. Las lágrimas abundantes que les brotan de los ojos mojan su hocico.

¿SERÁ VERDAD?

PREGUNTA:

¿Los cocodrilos lloran por remordimiento?

¡NO! Estos reptiles lloran a menudo, pero lo hacen para lavarse los ojos y lubricarlos; es decir, para mantenerlos siempre muy húmedos.

13

UN DESPERTADOR...

¡CON CRESTA!

 # DESPERTADORES NATURALES

Cada día, al amanecer, el canto del gallo anuncia la llegada de la mañana. De hecho, cualquier gallo cantará al ver que el sol está saliendo. ¡Estas aves son despertadores naturales!

¿TÚ CREES?

PREGUNTA:

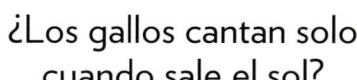

¿Los gallos cantan solo cuando sale el sol?

¡NO! El canto del gallo tiene lugar todos los días al amanecer, pero no es una respuesta al estímulo de la luz del sol. Hay estudios científicos que han demostrado que los gallos también cantan al amanecer aunque no vean variar la luz: es como si tuvieran un reloj interno personal que les indica en qué momento del día se encuentran. Además, pueden cantar si se les molesta o si se sienten amenazados, ¡independientemente del horario!

QUIQUIRIQUÍÍÍ

BAÑOS FELINOS...
¡QUÉ PELIGRO!

¡CUIDADO CON EL GATO!

No laves nunca a un gato: ¡podría reaccionar de manera descontrolada y peligrosa! Mojar el pelo denso de este felino no es nada aconsejable.

¿SERÁ VERDAD?

PREGUNTA:

¿Los gatos odian
el agua?

¡NO! Aunque no es posible afirmar
que les guste, tampoco se puede
decir lo contrario. Quizás
por miedo a tapar su olor
natural, que les sirve
para reconocerse, estos
animales prefieren
lavarse ellos mismos
con la lengua.
Además, sus primos,
los jaguares y los tigres,
sí que se zambullen a menudo
en el agua, ¡incluso para cazar!

17

¡SER LISTO COMO UN ZORRO!

¿ES ASÍ?

"¡NUNCA TE DEJES ENGAÑAR POR UN ZORRO!

De entre todos los animales salvajes más listos del mundo, los zorros son conocidos por sus ingeniosas capacidades.

PREGUNTA:

¿Es verdad que los zorros son listos?

¡NO EXACTAMENTE!

No se puede afirmar con certeza que sean listos... pero sin duda son inteligentes. Su método de caza nocturna es discreto y letal. Entonces, ¿de dónde viene esta convicción? De la mitología.

¡CUIDADO CON LOS MITOS!

Por muy fascinantes que sean, los mitos no son más que cuentos de fantasía. En cuanto al zorro, por ejemplo, en la mitología japonesa, así como en la china y la coreana, este animal sagrado era avispado y tramposo. También era así en la mitología griega, en la que el zorro tenía tal habilidad que resultaba imposible atraparlo.

19

LOS COLORES DEL CAMALEÓN

 **EL REY DEL MIMETISMO**

Ningún animal se esconde tan bien como él en el medio que lo rodea: ¡su fama es muy conocida! ¡El camaleón no tiene rivales en la defensa contra los depredadores!

¿DE VERDAD?

20

PREGUNTA: ??

¿El camaleón cambia de color solo para que los depredadores no lo vean?

¡NO! Los camaleones cambian de pigmentación también para comunicarse o en los rituales de apareamiento. También depende del estado de ánimo y de las condiciones del medio externo.

EL 'SNACK' PREFERIDO DE LAS RATAS

¡RATAS SIBARITAS!

Rata y queso: ¡una combinación que no falla! Estos animales no se pueden resistir a los lácteos, les gustan mucho: por eso a menudo se utiliza este producto para cazarlos.

PREGUNTA:

¿A las ratas les gusta el queso?

¡NO! Estudios científicos han demostrado que estos roedores prefieren alimentos ricos en azúcar. Los quesos, que tienen muchas proteínas, no son uno de sus bocados favoritos. Entonces, ¿de dónde viene este tópico? Tal vez es porque, hace siglos, los quesos se guardaban en lugares más accesibles y eran mordisqueados más a menudo que los cereales, que se guardaban bien cerrados en los graneros.

23

EL RECLAMO DEL LOBO

" EN LAS NOCHES DE LUNA LLENA... ¡SE LES OYE AULLAR!

En los hábitats donde viven las manadas, se puede escuchar su canto típico durante la noche, ¡sobre todo cuando la luna se ve claramente en el cielo!

¿ESTAMOS SEGUROS DE ESTO?

PREGUNTA:

¿Los lobos aúllan a la luna?

¡NO! Los lobos aúllan para llamarse entre ellos: se trata de un modo de comunicarse entre los miembros de una manada. Entonces, ¿de dónde deriva la creencia de que aúllan a la luna? Viene de que el grito de estos animales se oye sobre todo durante la noche. Además, ¡el lobo es un cazador nocturno!

25

ANALIZAMOS LA NOTICIA

" PÁNICO EN EL ZOO

El jueves pasado los visitantes de uno de los parques zoológicos americanos más conocidos vivieron momentos de auténtico pánico: uno de los elefantes intentó huir de su zona. Parece ser que el paquidermo dio algunas vueltas al recinto corriendo y después se lanzó contra las vallas que lo delimitan. Los trabajadores del zoo tuvieron que esforzarse de lo lindo para calmarlo. Cuando al día siguiente se revisó la grabación de las cámaras de seguridad, se descubrió la razón de tanto nerviosismo: un minúsculo ratón de campo se había plantado ante el elefante mientras este bebía y lo había asustado. Después de haber provocado todo este lío, el ratón se escondió y ya no se lo ha visto más.

¿ES UNA NOTICIA CIERTA?

BUSCA EN EL TEXTO ESTA INFORMACIÓN...

¿Cómo se llama el zoo donde ha sucedido el hecho?

¿Está escrita la fecha exacta del acontecimiento?

¿Has encontrado las respuestas a las preguntas?

SI ESTOS DATOS NO APARECEN, ¡DUDA!

ANALIZAMOS LA NOTICIA

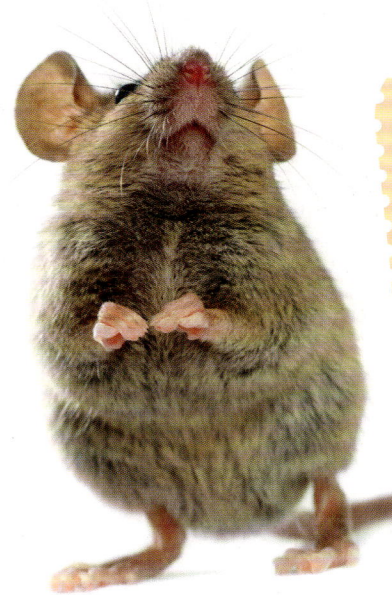

Como habrás notado, en el artículo que has leído en las páginas anteriores, no hay datos precisos ni verificables.

Ahora concéntrate en la pregunta fundamental para entender si lo que hemos leído es verdad o no.

¡OTRO MITO QUE HAY QUE REBATIR!

PREGUNTA:

¿A los elefantes les dan miedo los roedores?

¡NO! Estos animales, como otros muchos, no reaccionan positivamente a los movimientos bruscos y repentinos, pero no les alarman las criaturas minúsculas como los ratones.

HABÍA UNA VEZ... ¡LA PATRAÑA!

¿Mentiras? ¿O quizás solo son datos erróneos que han sido difundidos durante años hasta convertirse en certezas? ¡Pero ya se sabe que las certezas no son precisamente objetos preciosos que haya que conservar dentro de las vitrinas! Descubrimientos nuevos, estudios e investigaciones también pueden dar la vuelta a lo que siempre había sido considerado verdad. En efecto, también en el campo de la historia hay mitos y leyendas, ¡e incluso chismes y rumores!

31

¡AUTÉNTICA OPRESIÓN EN EL TRABAJO!

" SUDOR EN EL DESIERTO

Las pirámides del antiguo Egipto, edificios grandiosos utilizados como monumentos fúnebres, son el resultado de los esfuerzos de miles de esclavos que, durante años, fueron obligados a trabajar arriesgando la vida para levantar estas enormes construcciones.

¿TÚ CREES?

PREGUNTA:

¿Las pirámides del antiguo Egipto fueron construidas por esclavos?

¡NO! Este error se debe a Heródoto, historiógrafo de la antigua Grecia que escribió, en el siglo V a. C., que las pirámides habían sido levantadas por «trabajadores oprimidos». Un equívoco que ha durado centenares de años, hasta que los arqueólogos lo desmintieron. De hecho, en el antiguo Egipto se contrataron obreros especializados para realizar este esfuerzo formidable. Los obreros vivían en pueblos construidos para ello en los alrededores de las pirámides en construcción.

UN TOCADO BASTANTE EMBARAZOSO

CUIDADO CON LOS CUERNOS

Los temibles vikingos llevaban cascos provistos de cuernos afilados antes de cada batalla o de cada ataque. De este modo, su aspecto era todavía más amenazante y aterrorizaba a quien los veía llegar.

¿SERÁ CIERTO?

¡CASCO FALSO!

¿Los guerreros vikingos llevaban cascos con cuernos?

¡NO! Esta creencia errónea deriva de la representación que se hizo de los vikingos en el siglo XIX. Cuando se diseñó el vestuario para la ópera *El anillo del nibelungo*, de Richard Wagner, los cascos fueron coronados con largos cuernos. ¡A partir de estas representaciones, nació esta idea equivocada!

¡YELMO VERDADERO!

¡HAY QUE SABERLO!

La **REPRESENTACIÓN ICONOGRÁFICA** es la manera en la que algo se muestra. En este caso, un vikingo con un casco con cuernos. ¡Aun así, la representación no siempre se corresponde con la realidad!

35

RELATOS DE VIAJES

" ¿DESCUBRIR O DESEMBARCAR? ?

El navegante italiano Cristóbal Colón descubrió el continente americano cuando llegó a una isla de las actuales Bahamas en una expedición en busca de Asia. Él estaba convencido de haber llegado a las Indias Occidentales, pero en realidad había desembarcado en una tierra desconocida.

¿TE LO CREES?

PREGUNTA:

¿Se puede afirmar con certeza que Cristóbal Colón fue quien descubrió América?

¡NO! Hallazgos arqueológicos han demostrado que, siglos antes del viaje de Colón, algunos nórdicos (nombre del pueblo que vivía en Escandinavia) habían llegado a Groenlandia y Canadá, e incluso habían construido pueblos en los que vivieron durante años, aunque al final los abandonaron. Por lo tanto, Cristóbal Colón no fue el primer europeo que pisó el continente americano.

37

UNA MENTIRA DULCE Y REAL

" CUESTIÓN DE DIETA

A finales del siglo XVIII, el pueblo de París, que pasaba mucha hambre, protagonizó algunas revueltas. Cuando la soberana de Francia, María Antonieta, fue informada de estos hechos, dijo: «Si no tienen pan, ¡que coman bollos!».

¿DE VERDAD LO DIJO?

PREGUNTA:

¿De verdad la reina
María Antonieta
pronunció
aquella frase?

¡NO! La soberana nunca dijo
aquellas palabras en
concreto. El filósofo Jean-Jacques
Rousseau atribuye la frase a una
«princesa» en un libro, cuando
cuenta un episodio vivido por él
en 1741, es decir ¡catorce años antes
del nacimiento de María Antonieta!
Los enemigos de la reina
la utilizaron para difamarla.

¿DIFAMACIÓN? ¡OJO AVIZOR!

La **DIFAMACIÓN** tiene el objetivo
de crear mala reputación a una o
más personas mediante la difusión
de noticias, reales o falsas.

39

TALLA PEQUEÑA, GRAN PERSONAJE

¿UNA CREENCIA FALSA?

" EL EMPERADOR PEQUEÑO

Napoleón Bonaparte, el ambicioso y brillante militar francés, que llegó a ser emperador a principios del siglo XIX gracias a sus gestas, era de muy poca estatura.

PREGUNTA:

¿Napoleón Bonaparte era en realidad tan bajo?

¡NO! ¡Napoleón medía 169 centímetros de altura, ¡una estatura muy respetable para la época! Esta creencia falsa deriva del nombre que le habían puesto sus soldados: «el pequeño caporal».

¡HAY QUE ESTAR SIEMPRE ATENTOS!

41

¿PIRATAS O ARDILLAS?

" ISLAS DEL TESORO

Durante la época dorada de la piratería, en los siglos XVII y XVIII, los piratas enterraban el botín de sus ataques para que nadie se lo pudiera robar. Los lugares que preferían para hacerlo eran las islas del Caribe, la mayoría deshabitadas.

¿ESO ES VERDAD?

PREGUNTA:

¿Los piratas enterraban los tesoros?

¡CASI NUNCA! Hay testimonios de algunos piratas que enterraron tesoros, pero normalmente se gastaban todo lo que sustraían de los barcos que asaltaban. ¿De dónde viene, pues, esta creencia? De una novela conocidísima de 1883, *La isla del tesoro*, de Robert Louis Stevenson.

¡ESTATE ATENTO!

¡La **LITERATURA** no es historia!
Por muy precisa que sea una novela y muy documentada que esté, no deja de ser fruto de la imaginación. Por eso es muy importante fijarse muy bien en los conceptos y buscarlos en un libro de historia.

43

ANALIZAMOS LA NOTICIA

LA MALDICIÓN DE TUTANKAMÓN

El 5 de abril de 1923 ha muerto en la ciudad de El Cairo el famoso lord Carnarvon, noble inglés apasionado por la egiptología y principal financiador de la expedición del arqueólogo Howard Carter, quien el año pasado encontró la tumba del faraón Tutankamón. La misteriosa muerte de este hombre, después de una larga enfermedad, extiende una siniestra sombra sobre todo el equipo de expertos que ha participado en la excavación. Parece ser que una misteriosa maldición aletea alrededor de la tumba: cualquiera que perturbe el sueño del faraón será castigado. La mayor parte de los individuos presentes en el momento del descubrimiento del sarcófago han muerto en los meses posteriores.

¿SERÁ CIERTO?

PREGUNTA:

¿Existe de verdad una maldición relacionada con la apertura de la tumba del faraón?

¡NO! Estudios e investigaciones han probado que las personas que habían participado en el descubrimiento murieron a lo largo de los veinte años posteriores. El único que murió poco después, lord Carnarvon, hacía tiempo que estaba enfermo. Por lo tanto, la maldición no fue más que un montaje orquestado deliberadamente por las publicaciones periodísticas.

ANALIZAMOS LA NOTICIA

BUSCA EN EL TEXTO DE LAS PÁGINAS ANTERIORES LOS DATOS SIGUIENTES:

¿Se aportan datos precisos sobre la enfermedad que mató a lord Carnarvon?

¿Se describen las condiciones de salud del noble inglés en el momento que apareció la enfermedad?

¿Se detallan datos específicos sobre las fuentes de la supuesta maldición?

¿Cuántas has encontrado?

HAY QUE DESCONFIAR DE LAS NOTICIAS VAGAS QUE NO CONTIENEN LAS FUENTES DE LOS DATOS QUE APORTAN.

El **SENSACIONALISMO**, en el sector periodístico, consiste en hinchar una noticia –a menudo de poca importancia– de manera desmesurada para impresionar a los lectores y, en consecuencia, aumentar la venta de diarios.

¿NOTICIAS HINCHADAS? ¡NO, GRACIAS!

7

8

9

$14 + 4 =$
$17 + 1$

$E = MC^2$

$7 + 2 =$
$8 + 1$

$F_{12} = F_{21}$

$F = G \dfrac{m_1 m_2}{r^2}$

$+ > \sqrt{}$

3

LLUVIA DE FALSEDADES

¿Has oído hablar a menudo de «verdades científicas»? Fíjate bien, también en la ciencia podemos encontrar lugares comunes, medias verdades y noticias completamente falsas.

¡Lee con atención y aprende a desenmascararlas!

UN NOBEL...
¿CON OREJAS DE ASNO?

CERO EN CONDUCTA

Albert Einstein, científico, Premio Nobel de Física de 1921 y famoso por su revolucionaria teoría de la relatividad, ¡era un auténtico burro cuando iba a la escuela! Incluso suspendió y le costó conseguir el título.

7

PREGUNTA:

8

¿Es verdad que Albert Einstein era un pésimo estudiante?

¡NO! El joven Einstein sacaba unas notas excelentes en Álgebra, Matemáticas y Física. En cambio, tenía algunos problemas con la disciplina escolar y con la Lengua Francesa, asignatura en la que sacaba muy malas notas. Aun así, nada le impidió licenciarse con veintiún años en Matemáticas y Física.

9

3

¡ES UN RUMOR!

$$E = MC^2$$

$$7 + 2 = 8 + 1$$

El **RUMOR** es una noticia falsa, pero muy difundida, que la mayoría de la gente considera verdad.

51

RAYOS...
¡DE MALA SUERTE!

¡CUIDADO CON EL RAYO!

Si, por desgracia, te encuentras al aire libre durante un temporal violento, con rayos que amenazan con sus descargas, intenta descubrir dónde caen: de esta manera podrás refugiarte en el punto exacto donde acaban de caer para estar seguro.

¿CIENCIA O MITO?

PREGUNTA:

¿Un rayo nunca cae
dos veces en
el mismo sitio?

¡NO! Los rayos pueden caer
muchas veces en la misma
posición, tanto en un mismo momento
como a lo largo del tiempo. Este dato
erróneo se debe a un proverbio, que
dice precisamente: «Un rayo nunca
cae dos veces en el mismo sitio».
Aun así, el sentido del refrán es que
una desgracia no tendría que sucederle
dos veces a la misma persona.

¡SUEÑOS REALMENTE INSPIRADORES!

" UNA SIESTA AL AIRE LIBRE

Isaac Newton, noble inglés y célebre físico y matemático, dormía debajo de un manzano cuando lo despertó un fruto que cayó de la rama y aterrizó sobre su cabeza. Sin embargo, el brusco despertar lo empujó a razonar sobre la fuerza que hace que un objeto caiga hacia la tierra, en vez de hacia arriba, por ejemplo, o de manera horizontal. Es de estas reflexiones, pues, de donde se origina la teoría de la fuerza de gravedad de la Tierra.

¿DE VERAS?

PREGUNTA:

¿Es verdad que a Isaac Newton lo despertó una manzana que cayó de una rama mientras dormía en el jardín?

$$F_{12} = F_{21}$$

$$F = G \frac{m_1 m_2}{r^2}$$

¡NO! Su biógrafo, William Stukeley, escribió lo que el propio Newton le había contado. Las reflexiones que lo llevaron a elaborar la teoría de la gravedad nacieron de la observación de la caída de los frutos de los árboles de su jardín. Aun así, la anécdota según la cual se despertó mientras dormía debajo de un manzano es fruto de un embellecimiento posterior de la historia.

¡COMO EN UNA NOVELA!

¿Qué significa **NOVELAR** un hecho? Contar un hecho real añadiendo detalles inventados y fantásticos para hacerlo único.

ALERTA METEOROLÓGICA:

¡NIEVAN DUDAS!

¿CALENTAMIENTO GLOBAL? ¡PERO SI ESTÁ NEVANDO!

El invierno golpea con vientos polares a 200 quilómetros por hora y temperaturas de hasta 40 grados bajo cero en las zonas centrales de los Estados Unidos. ¡Mucha gente se pregunta cómo se puede creer en las noticias alarmantes sobre el calentamiento global ante estos fenómenos «gélidos»!

PREGUNTA:

¿Existe de verdad el calentamiento global, con inviernos tan fríos?

¡SÍ! Hay que tener cuidado y distinguir entre clima y tiempo. Los días especialmente gélidos, con fenómenos meteorológicos extremos, hay que considerarlos acontecimientos concentrados en periodos limitados de tiempo.

Las condiciones climáticas del planeta, en cambio, se estudian a partir de datos estadísticos –por ejemplo, los de la temperatura media– comparados durante décadas. A partir de estos datos se hace evidente la realidad del calentamiento global.

ANALIZAMOS LA NOTICIA

66

¡LLUEVEN TIBURONES!

El peligro llega del cielo: después de que un fuerte tifón haya castigado la costa, en el jardín de una casa ha sido encontrado un tiburón todavía vivo. Parece ser que este fenómeno meteorológico extremo ha succionado al ejemplar del océano y después lo ha dejado caer en tierra firme.

¿CREES QUE HA PASADO DE VERDAD?

BUSCA EN EL TEXTO LA SIGUIENTE INFORMACIÓN...

¿Dónde está la costa de la que se habla?

¿Hay datos relativos sobre el día, el mes y el año del suceso?

¿Se describe el tiburón y se dice de qué especie es, cuánto mide o cuánto pesa?

¡RECUERDA! SI NO HAY DATOS CONCRETOS, ¡DUDA!

59

ANALIZAMOS LA NOTICIA

COMO HABRÁS NOTADO, EN EL ARTÍCULO QUE HAS LEÍDO EN LAS PÁGINAS ANTERIORES, NO HAY DATOS PRECISOS NI VERIFICABLES.

PREGUNTA:

¿Un ciclón puede succionar un ejemplar de tiburón y lanzarlo, todavía vivo, a tierra firme?

¡NO! No se puede descartar que un fenómeno meteorológico extremo pueda transportar animales durante algunos kilómetros, pero es difícil que un tiburón sobreviva a una situación así.

¡SOLO EN LAS PELIS!

¿Lo has visto en una película?
Es conveniente verificar si los hechos en los que se inspiran alguna que otra película son reales o... ¡no del todo!

61

MENTIRAS ESPACIALES

Hay cientos de preguntas relacionadas
con el espacio que rodea nuestro planeta.
Hay también alguna certeza científica, aunque
las investigaciones continúan y se difunden
nuevos descubrimientos periódicamente.
Y, aun así, también en este tema se suelen difundir
muchas noticias falsas, sobre todo en internet.

Cazatrolas, empieza la cuenta atrás...

63

¡MONUMENTOS REALMENTE GRANDIOSOS!

¡CUIDADO CON LA MURALLA!

La famosa muralla china, construida a partir del 215 a. C. para defender al Imperio de las invasiones, es la única obra humana que se puede ver desde la Luna.

¿DE VERAS?

PREGUNTA:

¿Los astronautas pueden ver a simple vista la muralla china incluso desde la Luna?

¡NO! Aunque mide más de seis mil quilómetros de longitud, la muralla solo tiene una anchura de diez metros. Por lo tanto, el ojo humano ya no puede distinguirla cuando se encuentra a un centenar de quilómetros de altura sobre la superficie terrestre.

¿Y SI LA TIERRA FUERA PLANA?

" FALSAS PERCEPCIONES

Nuestro planeta tiene una forma esférica
y ligeramente achatada a los polos. Entonces,
¿por qué cuando miramos al horizonte nos
parece una línea recta? Algunas personas
afirman que esta es la prueba de que
la forma real de la Tierra ¡es plana!

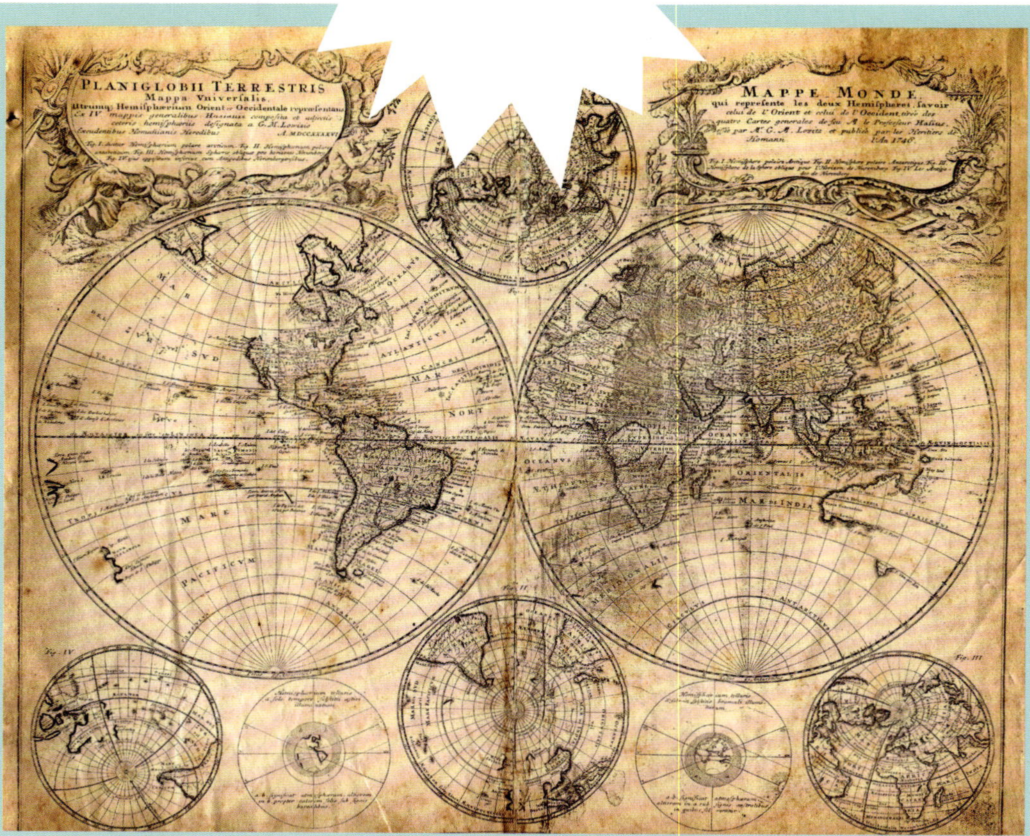

¿DE VERDAD?

PREGUNTA:

¿La Tierra es plana?

¡NO! Desde hace miles de años, cuando todavía no se disponía de las tecnologías contemporáneas, se intuía que la Tierra era redonda. Además, desde la segunda mitad del siglo XX existen muchas pruebas fotográficas que muestran la forma real de nuestro planeta.

¡ES UNA CONSPIRACIÓN!

¿Qué es una **TEORÍA DE LA CONSPIRACIÓN**? La convicción de que se haya difundido una noticia falsa como verdadera para engañar a las personas. Quien está erróneamente convencido de que la Tierra es plana piensa que la afirmación de que la Tierra es redonda forma parte de una conspiración.

67

UN ARTE DE OTRO PLANETA

¿HAN ATERRIZADO LOS EXTRA-TERRESTRES?

" EXTRATERRESTRES CREATIVOS

En un campo de trigo se han descubierto dibujos de forma concéntrica realizados a base de chafar las espigas sobre el terreno. Realmente, parece como si una aeronave hubiera aterrizado en ese sitio y hubiera hecho los dibujos. ¿Y si los han hecho los extraterrestres?

PREGUNTA:

¿Los círculos de los campos de trigo son la prueba de la existencia de vida extraterrestre?

¡NO! ¡Cuando circula la foto de un nuevo dibujo en un campo de trigo es evidente que es obra de los hombres!

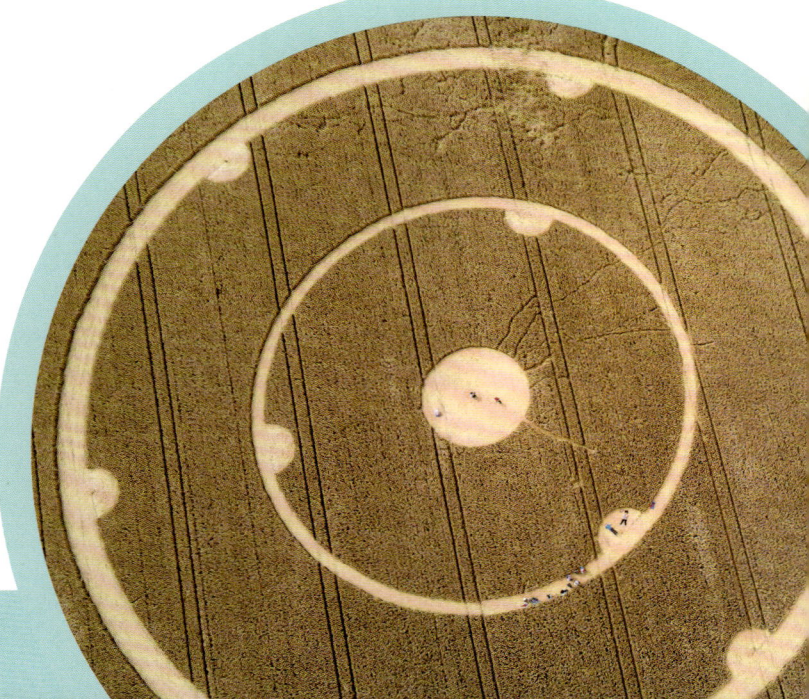

ANALIZAMOS LA NOTICIA:

" UN ACONTECIMIENTO HISTÓRICO... ¡QUE TODAVÍA NO SE HA COMPROBADO!

¿Y si la llegada a la Luna fuera solo... una película? Quizás las pruebas en vídeo del primer paso del hombre sobre el satélite de la Tierra se rodaron en un estudio cinematográfico americano para convencer a la gente de que la Agencia Espacial Estadounidense había conseguido llevar a cabo una gran gesta.

PREGUNTA:

¿Llegó el hombre a la Luna por primera vez el 20 de julio de 1969?

¡SÍ! Es un hecho que realmente sucedió, por mucho que haya gente que crea que solo es un montaje. Una de las teorías de la conspiración relacionadas con el primer alunizaje se basa en el convencimiento de que la tecnología de los años sesenta no estaba suficientemente avanzada para permitir a una tripulación de astronautas llegar hasta el satélite y después volver a la Tierra. Sin embargo, no es solo que la NASA lo consiguiera, sino que aportó pruebas irrefutables (¡que no pueden ser falsas!) de la misión. No solo fotografías y vídeos, sino también muestras tomadas del suelo lunar, por no hablar de los testimonios de los propios astronautas.

71

ANALIZAMOS LA NOTICIA

¡TAMBIÉN HAY QUE DEMOSTRAR!

Un cazamitos no solo tiene que **desenmascarar mentiras**, sino que también tiene que intentar **demostrar las verdades**, sobre todo cuando se las pone en entredicho.

Hacerlo no es nada fácil:
cuando alguien cree que un hecho
ocurrido es en realidad ficción, se suelen
presentar muchos datos y teorías que
parecen perfectamente plausibles (es decir,
¡muy convincentes!).

KIT DEL CAZAMITOS

Hazte con cuaderno y bolígrafo, una lupa y mucha curiosidad: ¡es el momento de ponerte a prueba como cazador de mitos! Completa los juegos y los tests para mantenerte en forma y conseguir el diploma de auténtico cazatrolas.

75

EL DECÁLOGO
DEL CAZAMITOS

¡Sigue estas reglas básicas y sabrás defenderte de las noticias falsas que circulan por la red!

1 Comparte solo noticias que hayas verificado.

2 Usa los instrumentos que tiene internet para verificar noticias.

4 Pide las fuentes y las pruebas.

3 Pide ayuda a personas expertas o a una entidad realmente competente.

5

Internet y las redes sociales también son manipulables.

6

Reconoce los tópicos y los estilos de las noticias falsas.

8

Tienes un gran poder: utilízalo bien.

7

Sé un buen ejemplo: no te quejes de la oscuridad, enciende la luz.

¿UN DECÁLOGO CON SOLO OCHO PUNTOS?

No, lo tenemos que completar, pero ahora es cuando te toca a ti: propón los dos últimos puntos a partir de tu experiencia o del sexto sentido del cazamitos que has desarrollado gracias a este manual.

9

10

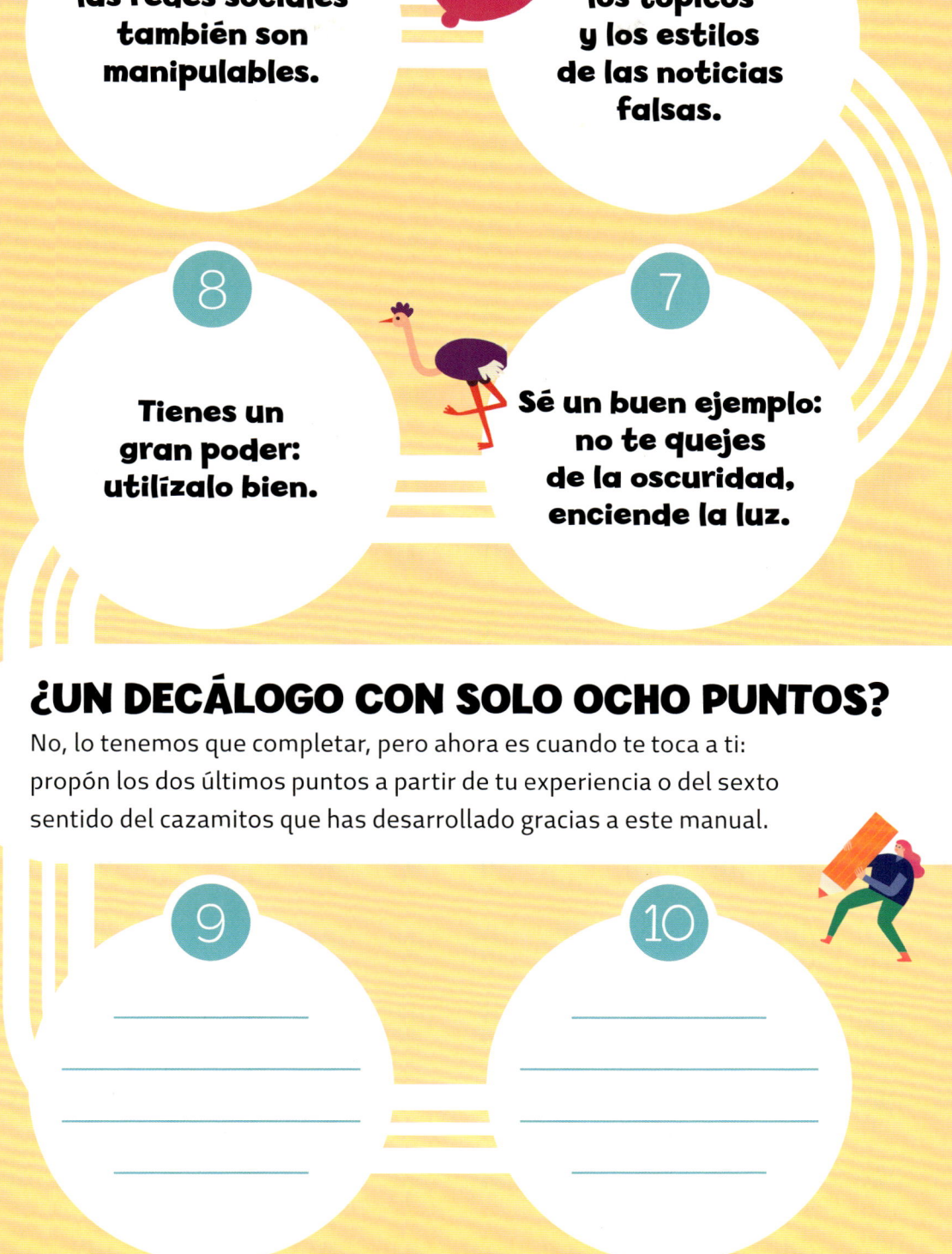

77

¡CRIBA LA NOTICIA!

" LOS LOBOS NO SON LOS ÚNICOS QUE AÚLLAN A LA LUNA

El pasado viernes había mucha agitación antes de la salida del sol en la plaza principal de la ciudad: una muchedumbre de gatos reunida maullaba alrededor de la estatua ecuestre. Los vecinos de la zona, despertados por el vocerío de los gatos, contemplaban el extraño fenómeno a la luz de la luna llena. ¿Era eso lo que provocaba el salvaje concierto de maullidos? ¿O era el mercado del pescado de los viernes que los vendedores ambulantes estaban preparando?

¿QUÉ ES LO QUE NO FUNCIONA EN ESTE ARTÍCULO?

Detecta las partes del texto que sean poco claras y subráyalas. Después, escribe debajo lo que no funciona en el artículo.

¡COMPRUEBA TUS RESPUESTAS EN LA PÁGINA 94!

¡IDENTIFICA EL ANACRONISMO!

¿QUIERES SABER DE QUÉ VA?

¡EL VIAJE EN EL TIEMPO DEL CAZAMITOS!

Un error cronológico: esto es el que queremos decir cuando hablamos de anacronismo. Un hombre de la Edad Media que come patatas, por ejemplo, es un anacronismo: este alimento no llegó a Europa hasta la mitad del siglo XVI.

Observa el dibujo y marca los cinco detalles que rechinan en la situación que se representa.

¡COMPRUEBA TUS RESPUESTAS EN LA PÁGINA 94!

¡HAY QUE VERIFICAR LAS FUENTES SIEMPRE!

" LA FAMOSISÍMA FALSETA DE TROLEN

La noble Falseta de Trolen[1] nació en Viena en 1722. Era la tercera hija del marqués Wolfgang Trolen (1650-1719).[2] La marquesita demostró un gran talento musical desde la más tierna infancia: a los cinco años ya tocaba el clavicémbalo, el violín y la flauta travesera.

Su fama la llevó a tocar en las cortes de su tiempo: fue aclamada por su talento en presencia de la emperatriz María Teresa de Austria (1717-1780),[3] y en Versalles se organizó una gran recepción en su honor.

1. <www.almanaque_badulaque.com

2. Gran enciclopedia de los nobles viejunos de Europa.

3. Enciclopedia británica.

Has leído la biografía de un personaje inventado aunque se hayan indicado las fuentes en las notas.

¿Cuáles son fiables y cuáles no?

¡RELEE ATENTAMENTE EL TEXTO Y LAS FUENTES Y DESPUÉS CONTESTA A LA PREGUNTA!

¡COMPRUEBA TUS RESPUESTAS EN LA PÁGINA 94!

83

SEGURAMENTE ES FALSO, PERO ¿POR QUÉ?

¡Observa la foto y escribe por qué motivos es evidente que se trata de un... fotomontaje!

UNA PISTA: FÍJATE EN LA DEFINICIÓN DE TODAS LAS PARTES DE LA FOTOGRAFÍA.

¡COMPRUEBA TUS RESPUESTAS EN LA PÁGINA 94!

Y AHORA...
'COLLAGE' FALSARIO

Utiliza estas páginas para crear un fotomontaje con imágenes recortadas de diarios y revistas. ¡Un auténtico cazador de noticias falsas se puede divertir siempre que sepa demostrar la verdad!

CONOCE A TU ENEMIGO...

>

¡Pásatelo bien inventando mentiras! Utiliza los trucos que has aprendido para desenmascarar las noticias falsas y escribe un artículo que parezca cierto... ¡Pero que de ninguna manera lo sea!

LA PRUEBA DE FUEGO

PONTE A PRUEBA CON EL TEST DE LA NOTICIA: ¡VERDADERA O FALSA! GANAS 1 PUNTO POR CADA RESPUESTA CORRECTA.

1 ▪ La fuente de una noticia es donde ha sido creada y difundida por primera vez.

VERDADERO
FALSO

2 ▪ Un fotomontaje es un *collage* de varias fotografías.

VERDADERO
FALSO

3 ▪ Los mitos son relatos basados en la fantasía.

VERDADERO
FALSO

4 ▪ Un tiburón puede ser succionado por un tornado y sobrevivir.

VERDADERO
FALSO

5 ▪ Los cocodrilos no sienten remordimiento por las presas que cazan, por eso no lloran mientras comen.

 **VERDADERO**
FALSO

6 ▪ El primer astronauta que alunizó no estaba en la Luna, sino en un estudio cinematográfico.

 **VERDADERO**
FALSO

7 ▪ La reina María Antonieta dio cajas de bollos a sus súbditos.

 **VERDADERO**
FALSO

8 ▪ No existe el calentamiento global, porque en invierno siempre hace frío.

 **VERDADERO**
FALSO

9 ▪ Un ratón tiene el poder de aterrorizar a un elefante.

 **VERDADERO**
FALSO

10 ▪ Los avestruces son aves que esconden la cabeza en el suelo por miedo.

 **VERDADERO**
FALSO

HAGAMOS EL RECUENTO

Un punto por cada respuesta correcta: después de calcular la puntuación comparando tus respuestas con las soluciones, descubrirás cuál es tu nivel de cazatrolas.

NIVELES DE CAZATROLAS

SUPERCAZATROLAS

Entre 8 y 10 respuestas correctas

Empieza la aventura. Mochila a punto para salir a buscar noticias falsas y fanfarronadas sobre los temas más disparatados. Continúa así y procura no perder nunca tu pensamiento crítico.

SOLUCIONES

1 V **2** V **3** V **4** F **5** V

6 F **7** F **8** F **9** F **10** F

CAZATROLAS PRO

Entre 4 y 7 respuestas correctas

Todavía hay alguna duda, ¡pero tienes talento para ser un cazador de mitos! Enciende la linterna y coge el cuaderno, ¡tu entrenamiento continúa!

CAZATROLAS JÚNIOR

Entre 1 y 3 respuestas correctas

¡Has cometido errores, pero el camino para descubrir noticias falsas al primer vistazo es muy divertido! Vuelve a leer algunas páginas del libro y a jugar a alguno de los juegos y ¡pruébalo otra vez!

93

RESPUESTAS

P. 78-79
CRIBA LA NOTICIA

La información del artículo no es precisa: no se dice en qué lugar han ocurrido los hechos, ni tampoco la fecha, y no se reportan testimonios de quienes han presenciado el acontecimiento.

P. 80-81
¡IDENTIFICA EL ANACRONISMO!

Los objetos fuera de época son:

P. 82-83
¡HAY QUE VERIFICAR LAS FUENTES SIEMPRE!

La única fuente creíble es la *Enciclopedia Británica*.
Las otras dos fuentes no existen, y, aunque existieran,
no las podríamos considerar fiables, porque dan nombres
de personajes inventados (Falseta de Trolen y su padre
Wolfgang de Trolen), mientras que la emperatriz María Teresa
de Austria es un personaje que existió realmente y se puede
encontrar información sobre ella a la *Enciclopedia Británica*.
Los más atentos también se habrán dado cuenta de que las fechas
de ambas fuentes no pueden ser verdad, porque Falseta no puede
haber nacido tres años después de la muerte de su padre.

P. 84-85
SEGURAMENTE ES FALSO... PERO ¿POR QUÉ?

La mujer de la bicicleta está mucho más definida que la nave
espacial del fondo. El humo que se levanta de la nave también
está desenfocado: esto es porque tanto la nave espacial
como el humo han sido creados digitalmente
y pegados sobre otra imagen.

SILVIA MAURI

Nacida en la provincia de Como en 1984, Silvia Mauri se graduó en Pintura en la Academia de Bellas Artes de Florencia y en Ilustración en el IED de Milán. Sus proyectos engloban desde producciones propias hasta colaboraciones con editoriales, revistas y publicaciones independientes, festivales, marcas empresariales y asociaciones culturales e institucionales.

ALTEA VILLA

Después de graduarse y doctorarse en Historia Moderna, se ha dedicado a la literatura para niños y se ha convertido en autora de proyectos editoriales especialmente enfocados a la divulgación.

REFERENCIAS FOTOGRÁFICAS

Todas las imágenes son de Shutterstock, excepto las siguientes: Getty Images, pág. 4 inferior derecha y págs. 38, 40, 50, 54, 69-73 y 82; Alamy, páginas 42-43.

Título original: *Mythbuster. How to Defend Yourself Against Fake News*
© White Star s.r.l., 2023
  Piazzale Luigi Cadorna, 6
  20123 Milà, Itàlia
  www.whitestar.it
  WS White Star Kids® és una marca registrada propietat de White Star s.r.l.
© Traducción: Pau Sanchis Ferrer, 2024
© Algar Editorial
  Apartado de correos 225 - 46600 Alzira
  www.algareditorial.com
Impreso en China

1.ª edición: mayo, 2024
ISBN: 978-84-9142-714-8
DL: V-3413-2023

DISEÑO GRÁFICO
VALENTINA FIGUS

PAPEL ECOLÓGICO
TCF LIBRE DE CLORO

FOTOCOPIAR LIBROS
NO ES LEGAL

LIBRO AMIGO DE LOS BOSQUES
PAPEL PROCEDENTE DE FUENTES RESPONSABLES